coleção primeiros passos 7

CB013727

Joel Rufino dos Santos

O QUE É
RACISMO

editora brasiliense

ISBN 85-11-01007-6
Primeira edição, 1980
15ª edição, 1994
2ª Impressão, 2011

Diretora: *Danda Prado*

Revisão: *Nelson Nicolai* e *José E. Andrade*
Capa: *Roth e Felipe Doctors*
Diagramação: *Iago Sartini*
Atualização da Nova Ortografia: *Natália Chagas Máximo*

Dados Internacionais de Catalogação na Publicação (CIP)
(Câmara Brasileira do Livro, SP, Brasil)

Santos, Joel Ruflno dos. 1941
    O que é racismo / Joel Rufino dos Santos .- -
– São Paulo: Brasiliense, 2005 .- - (Coleção Primeiros Passos ;7)

    ISBN 85-11-01007-6
    1. Brasil - Relações raciais 2. Racismo
3. Racismo. Brasil I. T1tulo. II. Série.

04-7652   CDD-305-800981

Índices para catálogo sistemático:
Brasil: Racismo: Sociologia   305.800981

editora e livraria brasiliense
Rua Mourato Coelho, 111 – Pinheiros
CEP 05417-010 – São Paulo – SP
www.editorabrasiliense.com.br

ÍNDICE

INTRODUÇÃO

Sob efeito da opinião pública, um juiz havia decretado integração racial nas escolas do Estado. A pequena Judith ia enfim sentar-se num banco de madeira para aprender as coisas que faziam o orgulho dos adultos. Sua mãe ouvira no noticiário matinal que o mundo inteiro prestava atenção nos Estados Unidos, no Texas, naquela modesta escola de Dallas, na sua pequena Judith, mas foi com serenidade que lhe preparou a lancheira e os cadernos. Um irmão acompanhou Judith até perto.

Não foi comum seu primeiro dia de aula. Nenhuma criança branca comparecera, de forma que a professora, sem saber onde pôr as mãos, ensinou tudo sozinha para

ela – e, na verdade, para centenas de soldados que do lado
de fora garantiam sua integridade. Ao comer a merenda,
Judith continuava só. Meio-dia, quando guardou seus per-
tences para voltar a casa, já não se sentia nada contente. As
duas fileiras de soldados faziam um corredor para ela passar. Por detrás deles apareceram, então, centenas de carinhas brancas – xingando, vaiando, cuspindo. Havia adultos,
também, mas Judith não quis olhar ninguém. Seus passos
eram firmes, até onde uma garota de 7 anos pode andar
assim. O coro a perseguiu até à praça, em frente à escola.

A pequena Judith sentou-se, então, num banco de
pedra e abaixou o rosto. Um homem branco veio na sua
direção – os soldados, por um instante, chegaram a pensar numa agressão. Ele pôs a mão no seu ombro, de leve,
e segredou: "Judith, não deixe eles verem que você está
chorando".

Fatos reais, como este, pontilharam a crônica dos Estados Unidos na década de 1960, parecendo confirmar que ali
é, por definição, a pátria do racismo. Nenhum país do
mundo, entretanto, desconhece, ou desconheceu, uma
forma qualquer de racismo. Até mesmo o Brasil, cujos governantes sempre se orgulharam de sermos uma "democracia racial", tem dado provas de que o fenômeno é universal.
Este pequeno livro que você vai ler, procura responder à pergunta: "O que é o racismo?", primeiro no mundo ocidental,

de que fazemos parte; depois no Brasil. Naturalmente, nos achamos em melhor posição para ver o racismo aqui do que lá fora, mas, até mesmo para compreender o nosso, precisamos de um termo de comparação.

Para muita gente, o racismo – que basicamente é uma agressão contra os outros – só se combate com outra agressão. Está bem: quem foi discriminado tem o direito, e até o dever, de reagir. (A própria teoria dos Direitos Humanos, tão em voga hoje, assegura àqueles que são vítimas de uma opressão o direito de liquidar com ela.) O racismo, entretanto, não é só uma atitude – como, por exemplo, a dos que vaiaram, cuspiram e xingaram a pequena Judith que só queria estudar. O racismo é, também, uma teoria, defendida em livros e salas de aulas com argumentos e teses "científicas". Para brigar contra ele será preciso, antes, desmontar esses argumentos e teses.

O QUE É O RACISMO

Quem são os melhores dançarinos do mundo?

Se um estudante francês quisesse saber o que é racismo, possivelmente abriria seu *Petit Larousse* um dicionário de prestígio universal: "*Racismo*. s.m. Sistema que afirma a superioridade racial de um grupo sobre outros, pregando, em particular, o confinamento dos inferiores numa parte do país (segregação racial) (...)". Como toda definição, esta é como uma goma de mascar: pode aumentar, diminuir ou ficar do mesmo tamanho, conforme o seu gosto.

Estamos no primeiro caso, naturalmente. O que quer dizer o *Larousse com sistema*? Certamente um conjunto de ideias e práticas, pessoais e coletivas, de pequeno e longo alcance. Um exemplo de ideia pessoal: "Não gosto de árabes porque são traiçoeiros". Um exemplo de prática coletiva de longo alcance: há 480 anos a sociedade brasileira recusa aos seus índios a posse da terra (embora eles já morassem aqui milhares de anos antes de o Brasil ser "descoberto").

O racismo é um sistema *que afirma a superioridade de um grupo racial sobre outros...* O que é um grupo racial? A pergunta parece tola: ninguém confunde um negro com um branco, um índio com um japonês e, se for um bom observador, não confundirá, também, um judeu com um italiano. Nenhum desses grupos de pessoas é, porém, uma raça. Negros e brancos são apenas conjuntos de indivíduos que têm essas cores – nada mais. (Um sujeito negro pode, por exemplo, estar biologicamente mais próximo de um branco do que de outro sujeito negro.) Índios e judeus não são raças, são povos (grupos de pessoas de raças distintas que vivem juntas num mesmo território). Quanto a japoneses e italianos, são nacionalidades, assim como o são brasileiros, angolanos, dinamarqueses etc.

Já se vê que há poucas palavras tão confusas quanto *raça*. Mas não foi por acaso que a baralharam tanto que já nada quer dizer. Governos e ideologias conservadores usaram e abusaram dela, através da História, para se defenderem e propagandearem seus propósitos e realizações. Nas Olimpíadas de 1936, por exemplo, um jovem e ousado governante alemão exigiu que seus atletas derrotassem os representantes de "raças inferiores" para provar a "inconteste superioridade da raça ariana". Venceu-os um crioulo norte-americano, Jesse Owens – o que também não provou nada, exceto que era melhor corredor. (Em tempo: o governante racista chamava-se Adolf Hitler).

Em 1936, mesmo no mundo científico, muita gente acreditava em "raças puras". Sabe-se hoje que raças puras nunca existiram: um grupo humano que tivesse se mantido puro, sem se misturar com outro, não sofreria *mutações* e, dentro de algum tempo, desapareceria. Além disso, em absolutamente nenhum lugar do nosso planeta, um grupo assim conseguiria viver isolado dos outros, o que chamamos raça negra, branca, amarela, caucasiana etc. – é apenas um elenco de características anatômicas: a cor da pele, a contextura do cabelo, a altura média dos indivíduos etc. Se pudéssemos despir as pessoas dessa anatomia, vedamos *por dentro* um outro elenco de características – *as características genéticas*. Pois bem: esse elenco de características internas, pouco tem a ver com as exteriores. Os cientistas chamam a esses conjuntos internos de "raças invisíveis". A raça negra, por exemplo, está formada de inúmeras "raças invisíveis". Como a espécie humana sempre se misturou, conclui-se que uma "raça invisível" de pele negra pode ser igual a uma "raça invisível" de pele branca, ou amarela, ou vermelha etc.

Traduzindo num exemplo concreto a teoria das "raças invisíveis". Um turista, maravilhado diante das Escolas de Samba, poderia dizer: "Os negros são os melhores dançarinos do mundo". Está bem, os turistas têm o direito de dizer o que quiserem, mas cientificamente a frase é um equívoco. O correto seria dizer: "*Há grupos de negros* que são os melhores dançarinos do mundo". Quem já viu, boquiaberto, numa tela de cinema, o branquíssimo Charles Chaplin fazer do corpo o que queria, ao som de uma banda da roça, não pode achar que "brancos não dão para dança". Chaplin possivelmente pertencia a uma "raça invisível" tão dançarina quanto a de muitos negros do Rio de Janeiro.

O racismo assenta, assim, numa falsidade científica, o que torna fácil a qualquer colegial bem informado desmontá-lo. Recentemente, nos Estados Unidos, foram apresentadas "provas" das diferenças genéticas entre as raças negra e branca. Os cientistas que as apresentaram continuam, portanto, trabalhando com o velho e duvidoso conceito de raça: indivíduos com o mesmo desenho externo. Coerentemente, ao que dizem os jornais que se interessaram pelo fato, esses cientistas pertencem à *direita política*, sempre obstinada em explicar diferenças sociais por fatores biológicos. Supondo que consigam provar que os negros são inferiores aos brancos – em inteligência, capacidade de iniciativa, de concentração etc. – restaria aos antirracistas um argumento decisivo: muito bem, há, em *alguns aspectos*, raças inferiores e raças superiores, mas todo grupo humano merece, pelo fato de ser humano, o mesmo tratamento. Se há algo fácil de provar nesses assuntos raciais, além disso, é a unidade da espécie humana: qualquer grupo racial pode cruzar com outro que nascerão criaturas normais e saudáveis.

Diz o *Larousse* que o racismo prega, em particular, o confinamento dos "grupos inferiores" dentro de um país (segregação racial). Isto sugere, para começar, que há diversas formas de racismo, sendo a segregação apenas a mais ostensiva. A segregação, por sua vez, apresenta diversas modalidades – e, ao pensar nos países em que ela existe, logo nos ocorrem duas: a *legal* (expressa em leis), como na África do Sul, em que os negros estão expressamente proibidos de residir e/ou frequentar determinados bairros; e a *extralegal*, como na Bolívia, em que índios e *cholos* (mestiços de índio com branco) são impedidos de morar e/ou permanecer em certos locais, embora não se encontre qualquer proibição escrita nesse sentido.

O paraíso dos racistas

Um turista despreocupado pode trazer da África do Sul a mais sorridente das lembranças. Afinal, os *afrikaaners* têm um dos mais altos padrões de vida do mundo, estradas repletas de Mercedes Benz e granjas sofisticadamente mecanizadas. Pode, também; voltar aterrorizado pelo mais absurdo dos regimes racistas que já se concebeu: o *apartheid*. Este é capaz, por exemplo, de mandar para a cadeia uma patroa branca porque deixou dormir no quarto dos fundos a sua empregada negra – e isto pela simples razão de que as leis do *apartheid* proíbem a negros e brancos coabitarem.

A própria palavra *afrikaaner* encobre uma mentira: não são africanos os brancos que controlam o país, reservando-se para si tudo o que a civilização e o dinheiro oferecem de bom, os cinemas, as praias, os hospitais, as escolas e até as simples casas. Africanos são a maioria esmagadora de negros (4/5 da população total) que lá viviam quando chegaram os primeiros portugueses para contornar o Cabo da Boa Esperança (hoje Cidade do Cabo); cento e cinquenta anos depois, começaram a chegar os primeiros holandeses, antepassados dos atuais senhores. (Jan van Riebeeck, um colonialista que saiu corrido do Brasil em 1652, batizou os negros, que vieram recebê-lo amistosamente, dentro do melhor figurino racista, de "swart atinkende Hondon", cachorros negros fedorentos).

O *apartheid* é recordista mundial de condenação, amaldiçoado pelas mais importantes organizações democráticas do planeta – o Conselho Nacional Africano, a Anistia Internacional, a ONU etc. 1978 foi declarado pela ONU o *Ano Internacional contra o Apartheid*, sendo inúmeros os países que se confessam meros parceiros comerciais do regime de Pretória, isolando seu embaixador do corpo diplomático como se ele portasse incurável doença contagiosa.

Eis uma pequena amostra do regime racista do *apartheid*, em vigor desde 1948:

• Mesmo que resida legalmente numa cidade, nenhum africano possui o direito de ter consigo mulher, filhos, sobrinhos ou netos por período superior a 72 horas.

• Sempre que julgar oportuno, o presidente do Estado pode declarar uma área propriedade do grupo branco, mesmo que até então ela tenha sido ocupada por não brancos.

• Qualquer africano maior de 16 anos é obrigado a carregar um "livro de referência". Se for pego sem ele, será punido com multa e prisão de um mês.

• Um operário africano que se ausente do trabalho por 24 horas, além de ser demitido, será punido com multa e prisão de três meses.

Na África do Sul escadas separadas para brancos e "não-brancos".

• Se um trabalhador branco morre em acidente de trabalho, seus descendentes têm direito a indenização e, ainda, a pensão mensal baseada em seu salário. Os descendentes de um africano que morra por acidente de trabalho não têm direito a pensão mensal, somente a uma indenização fixada pelo comissário do trabalho.

• Um africano que dirija uma classe de leitura e escrita em sua própria casa, mesmo gratuita, pode ser multado e preso durante seis meses.

• Aquele que, durante uma reunião, incitar um auditório negro a ação de protestos contra as leis do *apartheid* será multado e aprisionado por cinco anos.

• Nenhum africano pode ser membro de um júri formado para um processo penal, mesmo que o acusado seja um africano.

Na pracinha, domingo de manhã

Todos os parses que foram, algum dia, colônias de metrópoles brancas – China, Nigéria, Brasil, São Domingos... – conhecem, invariavelmente, o racismo. O passado colonial pesa-lhes na cabeça e no coração como o pecado original de que fala a Bíblia. Isto quer dizer que outro tipo de país – a Rússia, Inglaterra, Grécia etc. – que nunca foram colônias de ninguém, desconhecem o racismo? Não, absolutamente.

O racismo é fenômeno universal. Seria, então, um irremediável componente da natureza humana?

Alguns cientistas acham que sim; alegam que o homem está sempre defendendo seu espaço contra a invasão de outros, os quais, frequentemente, pertencem a outras raças. Embora possamos discordar no essencial, é uma opinião séria, com sua indiscutível dose de verdade.

Observemos um grupo de inocentes crianças brincando numa pracinha domingo de manhã. Em poucos minutos você terá assistido a diversas brigas por causa da bola colorida, que se acha, agora, em poder daquele menininho loiro. É como se ele tivesse demarcado um círculo a sua volta, o *seu espaço*, onde lhe é mais fácil defender a *sua bola*. É fácil ver que ele o defende contra qualquer um, negro, branco, amarelo, pele-vermelha.

Se esse menino precisar explicar sua insegurança ("os que chegarem perto vão me tomar a bola") e justificar a sua agressão ("dou um soco em quem tentar me tomar a bola"), possivelmente notará que os *outros* são negros, amarelos, brancos, peles-vermelhas – isto é, possuem algo que os diferencia dele. "Os outros querem me tomar a bola porque são de cor". Neste momento apareceu o racismo, uma ideia negativa a respeito do *outro*, nascida de uma dupla necessidade: se defender e justificar a agressão.

Com o tempo e a experiência, ele poderia supor que "todas as crianças de cor são tomadoras de bola". Isto lhe tornaria a defesa e a agressão muito mais seguras. Seu racismo amadureceu, atingindo, neste ponto, o plano dos *estereótipos*: visão simplificada e conveniente de um grupo qualquer. (Por exemplo: "Os judeus são gananciosos", "os russos são sempre imperialistas" etc.).

Se a insegurança desta hipotética criança fosse num crescendo (ela tivesse, por exemplo, de disputar uma vaga na escola primária com um dos "tomadores de bola"), poderia assumir a seguinte opinião: "As crianças de cor, que são tomadoras de bola, não devem entrar na mesma escola que eu". Seu racismo evoluiu para o *segregacionismo*. Se, enfim, uma bela manhã esta criança acordasse com a ideia de que "os tomadores de bola não têm mesmo jeito e alguém precisa acabar com eles", fez jus a uma carteirinha de racista *genocida* (Que pede ou participa do extermínio de uma raça).

Esta parábola talvez sugira que as pessoas chegam ao racismo sozinhas. Não é verdade. As ideias vêm da sociedade para dentro das cabeças, através das palavras, dos exemplos, da imitação, das crenças religiosas, de uma infinidade de grandes e pequeninos canais. "Você está preto de sujeira!". Quem ouve isto desde os primeiros meses de vida, dificilmente, mais tarde, fará uma ideia positiva dos negros. Nossa parábola pressupõe, também, que o sentimento de propriedade nasça com as pessoas, o que, provavelmente, não é certo. A ideia de que as *minhas coisas* devam ser protegidas dos *outros* é relativamente nova na história da humanidade.

O dia em que os europeus começaram a ter insônia

Esta parábola da criança que começa defendendo suas coisas e acaba racista serve, também, como alegoria do que aconteceu à nossa civilização ocidental.

Nossos avós brigaram muito tempo por espaço até que os diferentes grupos se ajeitassem no seu. Muitos deles continuaram, porém, inseguros e agressivos, uma vez que tinham muitos bens a defender – e, assim, acabaram descobrindo que os *outros* eram diferentes de si. Os gregos, ponto de partida da civilização que temos hoje, por exemplo, notaram que os vizinhos não tinham pensamento articulado – e isto acontecia, certamente, "porque não falavam o grego, única língua capaz de expressar ideias e sentimentos profundos". *Bárbaros* são todos aqueles que não falam grego: esta é uma das formas mais antigas de "racismo" que se conhece. (Uma curiosa sobrevivência deste preconceito: *barbarismo* é, ainda hoje, o vício de linguagem que consiste em empregar palavras inexistentes ou deformadas).

Para os romanos – que passaram a maior parte da sua vida conquistando outros povos –, bárbaros eram todos os que não tinham Direito, conjunto de leis que regulam a vida coletiva. Bárbaros eram tanto os brancos macedônios, primos dos gregos, quanto os núbios, de pele negríssima.

Durante a Idade Média (do século V ao XV), os europeus consideravam inferiores os nãos cristãos árabes, maometanos; africanos, inclusive egípcios; judeus de qualquer parte do globo; e asiáticos, inclusive chineses. Os europeus só haviam mudado de opinião a respeito dos germanos, francos e eslavos, os *bárbaros* de antes: é que tinham se convertido à fé de Cristo.

Foi, porém, no limiar da época moderna, a partir dos anos 1400, que o racismo dos povos europeus amadureceu, passando a se basear na característica mais notável dos *outros*: a cor da pele. Por quê?

A partir desta época, os países da Europa ocidental tornaram-se senhores de três continentes: Ásia, África e América. Seus antepassados haviam acusado os bárbaros de cruéis e desumanos; pois em matéria de barbárie deixariam, agora, árabes e germanos na condição de anjos celestiais. Hernán Cortés, olhando a distância, pela primeira vez, a capital dos astecas, teve um sobressalto: era muito mais bela e limpa que Madri. Mandou destruí-la.

As circunstâncias forçaram os europeus a organizar gigantescas explorações de açúcar, tabaco, algodão e minérios nos três continentes. (O engenho colonial brasileiro é um exemplo). Nelas, forçado ainda pelas circunstâncias, instalou o trabalho escravo. Como se explica que esta forma de trabalho, desaparecida desde o século V, ressuscitasse agora?

Essas gigantescas explorações eram um empreendimento capitalista e, como tal, buscavam o *máximo de lucro*. Seus organizadores eram banqueiros e comerciantes estabelecidos em Lisboa, Londres e Amsterdã, os mesmos que bancavam o tráfico negreiro havia mais de cinquenta anos. Que mão de obra enviariam para as suas explorações? Só podia ser a escrava. Da Ásia tiravam especiarias; da América, açúcar, fumo, algodão, metais preciosos; da África, uma mercadoria muito especial: gente.

A partir desta época os europeus começaram a ter insônia. Só voltariam a dormir quando resolvessem dois problemas: 1º) Como defender tamanha riqueza? 2º) Como justificar-se por tanto sofrimento infligido a tanta gente?

Se você duvida que o sofrimento dos outros povos nas mãos dos europeus tenha sido, de fato, tão grande, eis aqui: os bandeirantes brasileiros eliminaram, em cinquenta anos, 1 milhão de índios; e, da África, foram negociadas para a América, em trezentos anos de escravidão, mais de 20 milhões de pessoas.

O historiador português Oliveira Martins deixou-nos uma vivida descrição deste rendoso negócio:

> "Havia lá, no seio do navio balouçado pelo mar, lutas ferozes, uivos de cólera e desespero. Os que a sorte favorecia nesse ondear de carne viva e negra, aferravam-se à luz e olhavam a estreita nesga do céu. Na obscuridade do antro, os infelizes, promiscuamente arrumados a monte, ou calam inânimes num torpor letal, ou mordiam-se, desesperados e cheios de fúrias. Estrangulavam-se: a um safam-lhe do ventre as entranhas, a outro quebravam-se-lhe os membros nos choques dessas obscuras batalhas. (...) Quando o navio chegava ao porto de destino – uma praia deserta e afastada – o carregamento desembarcava; e à luz clara do sol dos trópicos aparecia uma coluna de esqueletos cheios de pústulas, com o ventre protuberante, as rótulas chagadas, a pele rasgada, comidos de bichos, com o ar parvo e esgazeado dos idiotas. Muitos não se tinham em pé; tropeçavam, calam, e eram levados aos ombros como fardos... O capitão, voltando a bordo, a limpar o porão, achava os restos, a quebra da carga que trouxera: havia por vezes cinquenta e mais cadáveres sobre quatrocentos escravos!" (Citado por José Capela. Escravatura: a empresa de saque – O Abolicionismo (1810-1875). Porto, Edições Apontamento, 1974, p.91).

Esses pobres felás egípcios, de costelas à mostra

A pólvora – inventada por um chinês – ajudou os europeus a resolverem o primeiro problema: nenhum povo de cor conhecia armas de fogo. Para restituir-lhes o sono, porém, foi preciso algo mais sofisticado que um bacamarte de dois canos: uma concepção racista que os isentasse de culpa por tanto sofrimento causado aos outros. Os europeus começaram a pregar que os povos de cor, que habitavam os três continentes, eram assim mesmo: incapazes e servis. "E nós não os estamos maltratando, mas civilizando".

Quero exemplificar com Ginés de Sepúlveda, intelectual colonialista espanhol que, no século XVI, comparou os índios a macacos e porcos:

> "Os espanhóis têm todo o direito de exercer seu domínio sobre estes bárbaros do Novo Mundo e ilhas adjacentes, os quais em prudência, inteligência e toda espécie de virtudes e sentimentos humanos são tão inferiores aos espanhóis quanto as crianças com relação aos adultos, as mulheres com relação aos homens, pessoas cruéis e desumanas com relação a pessoas mansas, pessoas desequilibradas com relação a pessoas equilibradas; e, enfim, estou prestes a admitir que com relação aos espanhóis estão na posição de macacos em relação a homens. (...) São como porcos: estão sempre olhando para o chão, como se nunca tivessem visto o céu".

Daí, Ginés de Sepúlveda extraía uma conclusão:

> "Tudo isto não prova que eles são escravos de natureza? (...) Esses homenzinhos tão bárbaros, tão incultos, tão desumanos..." (Citado por Alejandro Lipschutz.

El Problema racial en la conquista de América y el mestizaje.
Santiago do Chile, Ed. Austral, 1963. p. 72-3).

A partir deste momento, como se vê, o racismo deixou de ser puramente cultural ("Não gosto dele porque ele não fala grego" ou "Não gosto desta gente porque não é cristã"). Passou a ser também biológico: "Não gosto dele porque ele é negro" ou "Não topo esta gente porque ela está mais perto dos animais que de nós, humanos". Como os índios norte-americanos tivessem a mesma cor que os europeus, inventou-se, para rebaixá-los a "povo de cor", a "pele vermelha"; enquanto os teólogos, Bíblia debaixo do braço, tratavam de explicar que a palavra *indian* não passava de corruptela de *judeus*. Não, não era pecado enchê-los de bordoadas.

Por volta de 1860, o sistema capitalista deu um vigoroso passo adiante, na Europa ocidental e Estados Unidos. O navio a vapor, a energia elétrica e, logo depois, o automóvel e o avião fizeram empalidecer os maravilhosos inventos de antes; nasceram o *capital financeiro* e os grandes conglomerados de empresas, enquanto as nações mais ricas iniciavam a exportação de capitais para as nações mais pobres. Um escuro *felá egípcio*, de costelas à mostra, jamais teria conta num banco, mas os banqueiros de Londres, ou Bruxelas, é que decidiam, agora, a sua vida. Como explicar tanta sujeição e miséria?

Os intelectuais europeus – dignos sucessores daquele Ginés de Sepúlveda, que comparava astecas a símios e porcos – começaram a ensinar que "nos trópicos a pobreza é inevitável: aqui o homem só tem energia para pensar em sexo e baixezas. Sendo, além disso, habitados por gente de cor, seu futuro é triste".

Não admira que os europeus acreditassem em tanta baboseira, mesmo porque, semelhante a tanta porcaria que se dá às crianças, ela vinha embrulhada em colorido papel científico – cada época, cada classe social, cada grande potência faz a ciência que lhe interessa fazer.

Curioso, mas também explicável, é que nos países brutalmente explorados por eles também se acreditasse nisso. O complexo de superioridade geográfico-racial dos europeus era o nosso complexo de inferioridade, como as duas faces de uma mesma moeda.

Os mais famosos criadores desta ciência colonialista foram Friedrich Ratzel (1844- 1904) que, embora morto em 1904, ainda tem seguidores; e o conde de Gobineau (1816-1882), um troca-tintas que passou a vida tentando demonstrar que Deus não fora decente ao criar as raças, tirando qualidades de umas para dar às outras. Dos pensadores brasileiros o que melhor expressou esta "ideologia do colonialismo" foi, sem dúvida, Oliveira Viana.

*Nos quadros de Debret, a visão pitoresca do índio
brasileiro, no início do século XIX.*

"Bom-dia, segundo o Serviço de Meteorologia"

Oliveira Viana morreu ao começarem os anos mil novecentos e cinquenta. Que possuísse um método para analisar a sociedade brasileira, no passado e no presente, não era de admirar. No seu tempo nasceu a sociologia brasileira, saindo de moda as interpretações meramente *impressionistas*. Pelo menos três autores, hoje famosos, já haviam esboçado sínteses da formação brasileira: Gilberto Freyre, Nélson Werneck Sodré e Sérgio Buarque de Holanda, sem falar nos estudos parcealizados de Caio Prado Júnior.

O que admira naquele mulato fluminense, de pena fácil, é o rigor com que obedeceu ao seu método, a disciplina, a coerência por que pautou tudo o que escreveu. E escreveu muito: *Populações meridionais do Brasil* (2 volumes), *Evolução do povo brasileiro*, *O ocaso do império*, *Instituições políticas brasileiras* (2 volumes), *Raça e assimilação* etc., etc. Isto para só falar nos títulos mais importantes.

Admira, também, a fama de que desfrutaram os seus trabalhos. Num país, como o nosso, em que se comenta mais o autor do que se lê a obra, ele deve ter sido um dos pensadores mais lidos, um dos que, efetivamente, mais influenciaram a geração que hoje beira os 40 anos. Na primeira metade dos anos mil novecentos e cinquenta os jovens citavam-no quase tanto quanto se cita hoje Caio Prado, por exemplo.

Em 1980, pouquíssimos sabem sequer da sua existência. Oliveira Viana foi para o sótão do pensamento brasileiro.

Por que admirávamos tanto, há 30 anos, um autor hoje esquecido? Em primeiro lugar porque Oliveira Viana levava seu pensamento ao melhor alfaiate. Tal exigência foi posta, de uns 20 anos a esta parte, em termos diferentes dos do passado. Escrever bem, agora – e este é um sinal positivo dos nossos dias – é escrever claro, é ter o que dizer e dizê-lo concisamente. Oliveira Viana era elegante, maneiroso. Comparado com os ensaístas de atualmente, ele era um esteta e estes uns meros atiradores de pedradas.

Em segundo lugar, Oliveira Viana era dado a citações. Amava tanto este hábito que, dizem, cumprimentava assim: "Bom-dia, segundo o Serviço de Meteorologia", Ora, num tempo como aquele, em que se lia pouco – tanto quanto hoje – os citadores impressionavam, pondo panca de sabichões. Outra circunstância, ligada a esta, também lhe dava incontestе autoridade intelectual: citar em inglês e alemão. Naquele tempo poucos liam o inglês, raríssimos o alemão. A maioria lia em francês – não somente os autores franceses, mas os de outra origem vertidos para o francês. Nos tempos antigos pesava até mesmo a infâmia sobre as traduções: se traduz ramos, era por burrice.

É, porém, no método que copiou dos racistas europeus, que se encontra a explicação para o prestígio deste repetidor brilhante: a sociedade brasileira necessitava de alguém que lhe expressasse, com "argumentos científicos" e boa prosa, o sentimento de inferioridade racial. (Foi uma ironia que o escolhido para esta missão fosse um mulato de Niterói. A História também escreve certo por linhas tortas.)

Na falta de melhor expressão, vamos chamar a esse método de "método eugênico". (Que se baseia na *eugenia*: ciência que tem por objetivo a "melhora das raças humanas"). Eis seus princípios básicos.

1º) *Os acontecimentos da vida de um povo se explicam pela sua formação racial.*

2º) *O comportamento psicológico de um povo é determinado pela sua raça. (Assim como o temperamento de uma pessoa é determinado pela sua morfologia).*

3º) *A raça negra, que tem um comportamento psicológico instável, nunca criou nem vai criar civilização.*

Este conjunto de ideias, conveniente aos países ricos que exploram países pobres, se encontra quase puro em Oliveira Viana. Uma só amostra:

> "O negro puro, portanto, não foi nunca, pelo menos dentro do campo histórico em que o conhecemos, um criador de civilizações. Se, no presente, os vemos sempre subordinados aos povos de raça branca, com os quais entraram em contato; se, nos seus grupos

mais evoluídos das regiões das grandes planícies nativas, são os elementos mestiços, são os, indivíduos de tipo negróide, aqueles que trazem doses sensíveis de sangue semita, os que ascendem às classes superiores, formam a aristocracia e dirigem a massa dos negros puros; como não o seriam também nestas épocas remotas, em que se assinalam estes grandes focos de civilização?

Que os estudos do passado e as investigações dos arqueólogos assinalam a existência dos grandes centros de cultura nas regiões centrais da África, é o que não ponho em dúvida; mas que estas civilizações sejam criações da raça negra, é o que me parece contestável. Não sei se o negro é realmente inferior, se é igual ou mesmo superior às outras raças; mas julgando pelo quê os testemunhos do presente e do passado demonstram a conclusão a tirar é que, até agora, a civilização tem sido apanágio de outras raças que não a negra; e que, para que os negros possam exercer um papel civilizador qualquer, faz-se preciso que eles se caldeiem com outras raças, especialmente com as raças arianas ou semitas. Isto é: percam a sua pureza." *Raça e assimilação*. Ed José Olympio, Rio, 1932. p. 206.

Para que serve a cor das pessoas?

Pouco antes de morrer, O. Viana tomou conhecimento de que os arqueólogos haviam descoberto poderosas civilizações na África – no golfo de Benin no Zimbábue, no alto Nilo... Para negar este fato apelou para o seu "método eugênico": negros só criam civilização se tiverem um pouco de sangue branco misturado.

Criaríamos, algum dia, uma civilização no Brasil? Fiel ao seu método, curiosamente sua resposta era afirmativa. Bastava o sangue branco ir predominando sobre o negro e a índio – o que estava, felizmente, acontecendo desde o século XIX, quando se iniciou a grande imigração europeia (entre 1850 e 1930 recebemos cerca de 3 milhões de europeus). A miscigenação e a alta taxa de mortalidade das pessoas de cor limpariam o resto.

O que hoje vemos melhor do que há trinta anos (e que O. Viana podia ter visto se parasse de repetir autores estrangeiros colonialistas) é que as nações civilizadas, antes de serem brancas, são *nações-patroas*; e as pobres, antes de serem de cor, são *nações-empregadas*. (*Nações-empregadas* são as que trabalham há séculos para enriquecer os amos. As da América Latina, por exemplo, sempre estiveram de "veias abertas", seu sangue fluindo para alimentar os Estados Unidos e a Europa).

Outra coisa que compreendemos melhor hoje: *a divisão mundial do trabalho* condenou uns países a produzirem artigos caros – objetos, tecnologia, ciência...; outros, a produzirem artigos baratos matérias-primas, alimentos, seres humanos. A cor encaixou-se nesta divisão como luva: os primeiros eram brancos, os segundos, de cor. Tanto era coincidência isto, e não uma coisa causa da outra, que, a partir da Segunda Guerra Mundial (1939-45), diversos povos de cor abandonaram a incômoda posição de antes; enquanto isso, muitos povos brancos, dominadores outrora, só a muito custo se conservam ricos e civilizados. São bons exemplos de um e outro caso a China e a Inglaterra.

Sendo a *divisão mundial do trabalho* apenas a ampliação do que acontece dentro de cada país desenvolvido, há, no seu interior, ricos e pobres, *classes-patroas* e *classes-empregadas*. A *linha de cor* ajuda, então, a marcar as diferenças: brancos em cima, de cor embaixo. Nos Estados Unidos é fácil constatar esta superposição de classe e raça, desde os estratos mais altos (descendentes de irlandeses) até os mais baixos (negros, porto-riquenhos, latino-americanos em geral), passando pelos intermediários de *ianques* (descendentes de ingleses), judeus, eslavos etc., que constituem a classe média.

Além desta curiosa *especialização de cor*, o capitalismo mais desenvolvido inventou o "exército de reserva": sobra permanente de mão de obra que permite aos empresários pagar aos trabalhadores o menos possível. (Funciona aqui a *lei da oferta e da procura*, outra invenção do sistema: quanto mais você oferecer, no caso o trabalho, menos valerá o seu produto; e vice-versa). Ora, em países que abrigam várias "raças" – como a Inglaterra, a França, a Alemanha, a Austrália, a

Argentina etc. – este "exército de reserva", encolhido e miserável, é sempre de cor. E nele que se recrutam lavadores de privada, varredores de rua; guardas de segurança para executivos e políticos importantes; lutadores de boxe; prostitutas; *proxenetas*; *boias-frias* em época de colheita; e operários eventuais para substituir grevistas despedidos como punição. (Boias-frias: trabalhadores diaristas da roça, chamados assim porque levam marmitas para o trabalho. Em geral não têm salário nem direitos iguais aos de outros trabalhadores).

A cor da pele não foi, naturalmente, uma invenção do capitalismo, nem de sistema algum – foi produto das diferentes condições ecológicas que o homem encontrou na sua dispersão pelo planeta. Mas prestou ao capitalismo um inestimável serviço, separando, neste fantástico mercado em que se compra e vende mão de obra, a mercadoria de primeira da de segunda (mais ou menos como fazem os vendedores de tomate: os melhores, 80; os piores, 50).

Em nosso país, o "exército de reserva" está por toda parte. Nas rodoviárias, com seus sacos sujos às costas; na *Baixada Fluminense*, com seus peitos nus à mostra; nas feiras do Nordeste, agachados à espera de "trabaio"; nas filas dos ônibus, os filhos esquálidos esmolando uns centavos. O Brasil é uma grande feira de trabalhadores baratos, invariavelmente de cor. (Baixada Fluminense: assim ficou conhecido o Grande Rio: Caxias, Nova Iguaçu, Belford

Roxo, Nilópolis etc. Tem baixíssimo nível de renda e está entre as regiões mais violentas do mundo).

A civilização pertence aos brancos. Até quando?

O racismo não é produto de mentes desequilibradas, como ingenuamente se poderia supor; nem existiu sempre, ou existirá sempre, como tolamente se poderia pensar. (Os racistas têm naturalmente interesse em definir o racismo como uma característica da "natureza humana"; como a "natureza humana" é imutável, o racismo, por consequência, jamais desaparecerá.) O racismo é um dos muitos filhos do capital, com a peculiaridade de ter crescido junto com ele.

Como os melhores filhos, porém, o racismo tem sobrevivido, e sucedido, ao próprio pai. Nos países socialistas, que se orgulham de haver liquidado as formas essenciais da exploração do homem pelo homem, permanece, enfezado e renitente como uma planta que não se consegue arrancar.

Se poderia argumentar que nos países socialistas – qualquer que seja o seu caminho, a União Soviética, a China, Cuba, Vietnã, Argélia, Albânia... – a competição, que estimula o racismo, não desapareceu de todo. O argumento é verdadeiro, mas não basta. O racismo está depositado no mais fundo da cabeça dos homens – assim como certas

Adolf Hitler (1889-1945)

sementes que resistem às mais violentas mudanças de temperatura e, subitamente, voltam a brotar. Há nele uma dose de *irracionalismo* que nenhum sistema social, até hoje, foi capaz de liquidar. (A antropofagia, que acompanhou a humanidade durante milhares de anos, lembra, neste aspecto, o racismo. A guerra, que a sociedade continua a usar para resolver determinados problemas, é outro exemplo de instituição persistente e irracional que pode, ingenuamente, ser tomada como própria da "natureza humana").

O exemplo mais escandaloso de racismo foi, contudo, o regime nazifascista alemão (1933-45). Juntaram-se naquele fantástico caldeirão todos os ingredientes conhecidos do ódio

racial: preconceitos vulgares, velhos de séculos ou recém-fa-
bricados pela propaganda política; prejuízos científicos ava-
lizados por pensadores de ultradireita; extermínios em massa
de criaturas indefesas.

Por volta de 1885, as potências europeias já tinham di-
vidido o mundo entre si, como quem divide um bolo. (Naquele ano, por exemplo, a África fora miseravelmente
"partilhada" entre elas, sem que um só africano estivesse
presente). Diante do fato consumado, a burguesia alemã estava na situação de quem chegou tarde à festa – só restam
migalhas do bolo sobre a toalha manchada. Virou a mesa.
Sua progressiva agressividade percorreu todos os caminhos
conhecidos. Desprezo pelos *outros*, apelo à "raça", à "pureza do sangue", à superioridade dos "mais capazes" – nada
foi inventado pelo nazismo, os outros povos europeus já tinham recorrido a tudo isto no passado. A novidade estava
no grau e na intensidade, arrastando a humanidade a um
conflito cujas cicatrizes não desapareceram ainda.

Há quem prefira ver no episódio nazifascista apenas o
irracional e o absurdo. (Estão em moda, há algum tempo,
as explicações sobrenaturais e cósmicas para fatos históricos). Claro, eles estiveram presentes; digamos, na per-
centagem de 1%. O nazifascismo – com seu cortejo de
misérias e ódio racial – foi uma saída momentânea para o
capitalismo alemão. O país se atrasara na corrida colonial;

o tempo era de grave crise econômica (a "grande depressão"); e, enfim, a burguesia se sentia irremediavelmente acossada pela classe operária.

Por que o racismo se abateu, em especial, como uma avalancha, sobre a cabeça dos judeus? Os judeus eram o único *outro* disponível na Alemanha: transformaram-se em *bode expiatório* ideal. Além de serem o outro que se podia agredir, detinham um parte da riqueza nas suas mãos: tomá-la abria espaço para os empresários "autenticamente alemães" e aumentava as verbas do Ministério da Fazenda. Ajudava também os governantes a provarem seus propósitos "socialistas" (não eram os judeus "exploradores do povo"?).

Num filme já clássico, *Queimada, de Pontecorvo*, há uma cena didática. José Dolores, líder negro da independência do país, vai sendo levado para a forca. Um inglês, que o ajudara antes – para exterminá-lo depois – vem se despedir e ouve a seguinte lição: "A civilização está com vocês, hem, inglês! Mas até quando?".

Em conclusão

O racismo, segundo o Larousse, é:
• *Sistema que afirma a superioridade racial de um grupo sobre outros...*
• Esta superioridade é uma hipótese científica não

provada, apesar dos esforços da "ideologia do colonialismo", interessada em justificar a miséria e atraso aos países subdesenvolvidos.

• Os cientistas que se empenham em prová-la trabalham com o velho conceito de raça (conjunto de caracteres externos das pessoas).

• Mesmo que consigam provas conclusivas da superioridade de um grupo racial sobre outros, *em alguns aspectos*, o racismo é injusto, pois a espécie humana é uma coisa só.

• *pregando, em particular, o confinamento dos inferiores numa parte do país.*

• A segregação é apenas a forma mais escandalosa do racismo (como o *apartheid* na África do Sul). Mas o fenômeno é universal, ocorrendo não só nos países que foram colônias europeias, mas também nos capitalistas desenvolvidos e nos socialistas.

• O racismo não faz parte da "natureza humana". Nasceu, talvez, da necessidade de *defender o seu espaço*; e é apenas, uma instituição irracional de prolongada duração (assim como a antropofagia e a guerra).

• Sob a forma atual, baseado na cor da pele, é filho do colonialismo; e atingiu o seu extremo com o aparecimento do capitalismo financeiro.

• Dentro dos países capitalistas desenvolvidos, que não foram colônias (como a Inglaterra e a França, por exemplo), é fruto da competição e da divisão do trabalho.

• O ódio racista chegou ao máximo durante o nazifascismo alemão (1933-45), que confinou e exterminou milhões de judeus. O nazifascismo foi uma saída momentânea para o capitalismo alemão; e em matéria de ódio racial apenas exagerou o que já se fizera antes.

EXISTE RACISMO NO BRASIL

No Maracanã, domingo à tarde

Um amigo meu, famoso ator de TV, assistia a um Flamengo e Grêmio, no Maracanã. Toda vez que Cláudio Adão perdia um gol – e foram vários – um sujeitinho se levantava para berrar: "Crioulo burro! Sai daí, ô macaco!". Meu amigo engolia em seco. Até que Carpegiani perdeu uma oportunidade "debaixo dos paus". Ele achou que chegara a sua vez. "Aí, branco burro! Branco tapado!". Instalou-se um súbito e denso mal-estar naquele setor das cadeiras – o único negro ali, é preciso que se diga, era o meu amigo. Passado um instante, o sujeitinho não se conteve:

"Olha aqui, garotão, você levou a mal *aquilo*. Não sou racista, sou oficial do Exército". Meu amigo, aparentando naturalidade, encerrou a conversa: "E eu não sou".

Jogo correndo, toda vez que Paulo César pegava uma bola, algumas fileiras atrás um solitário torcedor do Grêmio amaldiçoava: "Crioulo sem-vergonha! Foi a maior mancada o Grêmio comprar este fresco...". Meu amigo virou-se então para o primeiro sujeito e avisou: "Olha, tem um outro oficial do Exército aí atrás...".

Considero este caso, extraído de uma interminável lista de conflitos raciais que conheço, bastante ilustrativo:

1.º) Nós brasileiros, quando somos pilhados em flagrante de racismo nos assustamos, reagindo, de imediato, contra quem denuncia. (Aquele inimigo do Cláudio Adão, por exemplo, alegou sua condição de oficial do Exército para "provar" que não podia ser racista).

2.º) Nosso preconceito racial, zelosamente guardado, vem à tona, quase sempre, num momento de competição. (O futebol é um caso mais que típico de "momento de competição").

3.º) Em nosso país os brancos sempre esperam que as minorias raciais cumpram corretamente os papéis que lhes passaram – no caso do negro, os mais comuns são artista e jogador de futebol. Se fracassam, lhes jogam na cara a suposta razão do fracasso: a cor da pele. (O sujeito achava muito natural ligar o fracasso de Cláudio Adão à sua cor preta; mas não aceitou que se ligasse o erro de Carpegiani à sua cor branca).

4.º) Muitos negros, sobretudo da classe média, costumam hoje em dia dar o troco ao racismo dos brancos, assustando as pessoas que ainda creem numa "democracia racial brasileira". (Meu amigo confessa que a partir do incidente foi olhado como um negro perigoso, desses que parecem dispostos a brigar à toa).

Usamos, na primeira parte deste livro, um verbete do *Larousse* como ponto de partida. Tomarei, agora, esse caso como guia para abordar o racismo no Brasil.

Brasileiro pilhado em flagrante de racismo reage

A ideia de que "aqui não temos desses problemas" está profundamente enraizada em nossas cabeças. E comum, também, encerrarmos uma conversa sobre violência no mundo com uma frase imbecil: "Ainda bem que aqui não acontece nada disso", enquanto do lado de fora das nossas janelas morrem, em assaltos e choques com a polícia, mais pessoas por dia que no apogeu da guerra do Vietnã.

Convido as pessoas que ainda creem na "democracia racial brasileira", na "cordialidade inata do brasileiro", e baleias que tais, a prestarem um pouco mais de atenção à sua volta: os jornais noticiam, em média, dois casos de discriminação racial por mês; e dois casos de tortura por dia. Considerando que os jornais não apanham sequer um centésimo dos casos de fato ocorridos, nenhum brasileiro tem do que se orgulhar nesses aspectos. Pretinhos, baianinhos, paraibinhas, índios, caboclos, jovens judeus, moças japonesas estão, nesse exato momento, sofrendo alguma espécie de maltrato pelo simples fato de não pertencerem à *maioria* branca; e há, neste exato momento, em qualquer delegacia de bairro um *pau-de-arara* (Pau-de-arara: Instrumento de tortura inventado pela polícia brasileira. Consiste num pau apoiado em dois cavaletes no qual a pessoa é amarrada por tornozelos e pulsos, o tronco para baixo, ficando à mercê do torturador) à espera de uma criatura humilde que caia na suspeita da polícia.

Por que boa parte dos brasileiros ainda acredita que vivamos numa "democracia racial"? Para começar, porque as elites que nos governaram até hoje precisavam vender esta mentira, aqui e no exterior. A cabeça de uma sociedade é, em geral, feita pela sua classe dominante – com o objetivo duplo de manter seus privilégios e deixá-la dormir em paz. Quero exemplificar com dois casos atualíssimos.

1º) O IBGE (Instituto Brasileiro de Geografia e Estatística), órgão do governo encarregado de proceder aos levantamentos de população, retirou do último censo (1972) a pergunta: "Qual é a sua cor?". Isto aconteceu, precisamente, num momento em que o racismo brasileiro começava a ser denunciado e discutido amplamente (milhões de negros saíram à rua, nesta década, no Rio, em São Paulo, em Porto Alegre, exigindo direitos e exibindo seu cabelo *black*). Retirar aquela pergunta do censo, não teria sido uma maneira de se subtrair ao movimento negro o poderoso argumento numérico (os líderes negros afirmam que os de cor são em maior número que os brancos)? O presidente do IBGE apressou-se em negar: o item fora retirado porque é inútil saber quantas são as pessoas de cor, já que "não temos aqui nenhum problema racial, somos todos uma só raça".

Milhões de não brancos que sofrem discriminações todo dia – quando procuram emprego, moradia, parceiro amoroso, clube social, médico etc. – não estão absolutamente, de acordo com isso.

2.°) No dia 12/5/1976, em Salvador, um casal de negros foi impedido pelo porteiro de subir pelo elevador social; não portavam ferramentas nem estavam em trajes de banho, o que explicaria aquela proibição. Como fosse um casal de classe média, bem relacionado, o incidente ganhou os jornais. O Presidente da República recomendou uma sindicância ao Ministro da Justiça, este recomendou-a ao governador, que, antecipando-se à Justiça, respondeu: "Esse acontecimento é de caráter de excepcionalidade total e deve ser encarado como tal".

O que está em todos os prédios do país – entradas para brancos bem vestidos, *social*; e entradas para negros, mal ou bem vestidos, *de serviço* – a autoridade chama de "excepcionalidade total".

Neguinho sem-vergonha quer ser Sérgio Chapelin quando crescer

Recentemente assisti a um espetáculo raro: um carcereiro do DOPS chorar. M. era um negro alto e forte, que trabalhava sempre à noite. Aquela vez me confidenciou que o filho queria ser "locutor de televisão", quando crescesse: "Igual ao Sérgio Chapelin", explicou. Desejei boa sorte ao garoto, mas ele recusou: "Você acha que um neguinho sem-vergonha, como o meu, pode chegar a Sérgio Chapelin?!". Vi que M. estava meio bêbado quando começou a fazer cara de choro: "Esse moleque é a razão da minha vida. E quer ser o Sérgio Chapelin...". Concordei que era mesmo impossível a um pretinho suburbano, filho de tira, chegar a astro da Rede Globo. Bastou concordar para M. me olhar profissionalmente e dar a sua sentença:

"Mas você está dizendo isso porque é subversivo". "Estou dizendo o mesmo que você", ponderei. E ele: "No Brasil não tem dessa não, ô cara".

Além de acreditar na sua "democracia racial", o brasileiro acha que falar no problema é subversão. Que conclusão extrair daí? *O mito da democracia racial é uma forma brasileiríssima, bastante eficaz, de controle social.* O que espanta os estrangeiros que nos visitam não é esta *democracia racial* – em que só nós acreditamos –, é a nossa ingenuidade em acreditar nela. Quando o senador norte-americano Bob Kennedy visitou a Pontifícia Universidade Católica, do Rio (1967, creio), um grupo de estudantes entendeu de agredi-lo mencionando o ódio racial no seu país. Ele se defendeu com uma pergunta que ficou no ar, pesada e sem resposta: "E os negros brasileiros, por que não estou vendo nenhum aqui entre vocês?". A mim, pessoalmente, me agrada muito uma velha alegoria para explicar a diferença da questão racial lá e aqui. Nos Estados Unidos o negro tem uma pistola apontada para sua cabeça; no Brasil, ela está apontada para as suas costas. Para quem segura a pistola, a segunda situação é, sem dúvida, mais cômoda.

Esta tática de esconder conflitos, para diminuí-los, é tão brasileira quanto o peixe de coco – pode ser que façam igual em outra parte do mundo, melhor não. As rebeliões indígenas, por exemplo, pontilharam nossa história colonial, só que os manuais didáticos não falam delas, preferem

"Técnicos da usura, tais se tornaram os judeus em
quase toda parte por um processo de especialização quase
biológica que lhes parece ter aguçado o perfil no de ave
de rapina, a mímica em constantes gestos de aquisição e
de posse, as mãos em garras incapazes de semear e de criar.
Capazes só de amealhar".
Gilberto Freyre em Casa-grande & senzala
– 10ª ed. p. 314

exaltar bandeirantes genocidas (assassinaram 1 milhão de índios em 50 anos), e a "gloriosa epopeia das bandeiras" etc., etc. Outro exemplo: a escravidão chegou ao apogeu durante o Império, quando 4/5 da população trabalhavam à força, sob torturas; pois bem: as palavras *escravidão* e *tortura* não podiam, oficialmente, ser proferidas no Parlamento. E, por fim, um exemplo recente: no governo Médici (1969-1974) nenhum jornal, grande ou pequeno, podia publicar nada sobre índios, esquadrão da morte, movimento negro e guerrilha – era como se, por decreto, tais problemas não existissem.

Dizem os especialistas que o primeiro passo para curar um toxicômano é fazê-lo admitir que o é. Assim, se a sociedade brasileira deseja acabar com a violência e o racismo, deve confessar que é violenta e racista. Pode nos consolar, talvez, a ideia de que não estamos sozinhos: todas as ex-colônias europeias Uganda, El Salvador, Vietnã... – têm a mesma personalidade básica. Tal foi a herança do colonialismo.

Racismo de brasileiro, zelosamente guardado, aparece em momento de competição

Caso n.º 1. Elvira é uma publicitária bem sucedida: frequentemente consultada por colegas importantes, ganha, por mês, entre 70 e 80 mil cruzeiros. A fim de dar maior conforto à sua mãe e a dois irmãos em idade escolar, adquire, ainda na planta, um apartamento de luxo no Jardim América. Tudo corre bem até o 4.º mês, quando, certa noite, ao regressar do trabalho, encontra a mãe chorosa. Após uma briga comum de crianças, a vizinha do 3.º agredira "moralmente" seus dois irmãos: "Vocês não têm categoria para morar num prédio como este!".

Caso n.º 2. Mário é convidado pelos colegas "japoneses" do cursinho que frequenta a entrar num time de futebol de salão. No primeiro treino, verifica que só tem "japonês". "Por quê?", indaga. "Você pensa que *eles* chamam a gente pro time *deles*?", lhe respondem. Mário se recusa a integrar um time só de "patrícios" – e termina o ano sem jogar em time nenhum e de relações cortadas com os outros "japoneses".

Caso n.º 3. Alain aproveita a camaradagem do professor de Resistência de Materiais para convocar os interessados em formar um grupo de estudo. Está diante da classe, o professor às suas costas, quando lhe atiram a primeira bolinha de papel e o primeiro "xingamento": "Sai daí, ô judeu!", "Vai procurar tua turma no Bom Retiro!", "Vai vender gravata, ô Jacó". Alain desiste de tudo, os olhos cheios de lágrima. O professor repreende asperamente a turma e, depois de esclarecer que não é judeu, inicia lima preleção sobre os males que o nazismo alemão causou àquela gente.

O que têm em comum esses três casos reais de racismo? A negra Elvira, o japonês Mário e o judeu Alain pareciam dispostos a competir com os outros è ela queria morar "em lugar de branco", o segundo queria "jogar em time de brasileiro" e o estudante judeu queria estudar com não judeus. As pessoas que os agrediram, em outra situação, não competitiva, possivelmente seriam amistosas com eles; e a qualquer menção de racismo, no Brasil, se mostrariam descrentes e indignadas.

O tipo de racismo que tivemos no passado foi *paternalista*: discriminação sem conflito; neste século, acompanhando nosso desenvolvimento capitalista, transformou-se em racismo *aberto*: discriminação com conflito.

Até cerca de 1900, com efeito, nossa sociedade girou na órbita da grande fazenda, os espíritos dos coronéis da roça pairando sobre tudo. Em cima, uma "esmagadora minoria" de latifundiários, embaixo uma multidão de escravos e servos, no meio uma insignificância de "classe média". Os lugares estavam marcados ao nascer: os de cima eram sempre brancos; os de baixo, de cor. Podia acontecer de uma pessoa de cor irromper, subitamente, em cima, a cultura funcionando como trampolim; como podia suceder, igualmente, de uma criatura branquíssima descer a ponto de se confundir com a "gentalha" que se comprimia nas senzalas e cortiços. As exceções, entretanto, por definição, nada querem dizer. A nossa regra é a linha de classe se confundir coma linha de cor.

Quando um brasileiro *de cima* se referia ao seu país, num aconchegante café de Berlim, por exemplo, não estava se referindo aos negros e caboclos que penavam nas construções e fazendas do *país real* para que ele pudesse ter uma vida de conforto. Estava falando dos seus iguais, brancos, alfabetizados e ricos como ele. Esta cisão entre o *país real* e o *país imaginário* acabou vincando o pensamento das nossas elites até hoje. Quando um brasileiro descreve, em 1980, o Rio de Janeiro para um estrangeiro, fala de Ipanema, bairro sofisticado da classe média branca; não fala do subúrbio, onde vive a imensa maioria da população, pobre e de cor.

Os *indianistas*, no século passado, justiça seja feita, tentaram incorporar ao *país imaginário* uma parcela do *país real*: puseram o índio nos seus romances e poemas. Os *sertanistas*, no começo deste século, acrescentaram, mais tarde, uma outra fatia: o homem da roça. Ora, o índio e o homem da roça são de cor – *moreno, jambo, café com leite, acaboclado*, uma infinidade de cores, reais e imaginárias. (No penúltimo censo houve até quem se autoproclamasse "cor de burro quando foge"). A sociedade brasileira não tinha, naquele tempo, condições de ir além. *Os "morenos" são, de*

*fato, a maior parte do nosso povo, mas a melhor somos nós, os bran-
cos; ninguém precisa, também, ficar preocupado, a tendência do Brasil é embranquecer* – era, mais ou menos, o que pensava um
intelectual brasileiro, no final do século, sobre as relações
raciais do seu país.

"Ora, é apenas um negro"

Durante esse longo período, as pessoas de cor não
ameaçaram a posição de ninguém. Faziam somente trabalhos manuais e viviam, em geral, nas partes mais atrasa-
das do país (no Norte e Nordeste, no interior do Rio de
Janeiro e Minas Gerais). Estavam *segregadas*, social e geo-
graficamente, mas esta verdade nem de leve passava pela
cabeça de ninguém (com as honrosas exceções de sempre). Quando vinha à baila sua marginalidade e pobreza,
os *de cima* encontravam uma fácil e cômoda explicação:

> "O país é pobre, que diabo; não há oportunidades
> ainda para todos e, além disso, eles não estão preparados
> para a complexidade da vida moderna. Quanto aos ne-
> gros, em especial, tenham paciência: a escravidão acabou
> há pouquíssimo tempo, sua ascensão social não se fará da
> noite para o dia". (O argumento continua a ser usado
> ainda hoje, 100 anos após a Abolição: se os negros estão
> embaixo é porque foram escravos. É um argumento que
> nos exime de culpa: o problema não é nosso, é histórico).

Negros, mestiços e índios não eram vistos, naquele tempo, como raças. Eram vistos como *subespécies*. *Mulato* é apenas uma derivação linguística de mula; Quanto aos índios, os teólogos discutiram mais de cem anos se eles teriam ou não uma alma. Ora, você pode ter tudo com relação a uma outra espécie, ou subespécie, menos preconceito. *Você não precisa ter*, pois ele não é absolutamente seu igual. À viajante inglesa Maria Graham, que lhe reprovou, certa vez, maltratar um criado, um latifundiário respondeu com naturalidade: "Ora, é apenas um negro...". Sintomaticamente, as expressões "discriminação racial", "conflito racial", "preconceito racial" eram desconhecidas de nossos avós: eles não precisavam delas.

Nem mesmo a Campanha Abolicionista (1879-1888) encarou o negro como gente. Ela se baseou em dois argumentos principais:

1.º) Era preciso acabar com a escravidão para modernizar o Brasil (e para os crentes na "cordialidade brasileira" eis aqui um recorde nacional: fomos o último país do mundo a abolir oficialmente a escravidão).

2.º) Era preciso acabar com a escravidão para aliviar o sofrimento dos pobres negros. Ora, compaixão pelos negros é o mesmo que, por exemplo, compaixão pelos pobres macacos, que estejam sofrendo de alguma forma. (De passagem, lembremos que "macaco" é um dos xingamentos preferidos de brancos contra negros).

Ao começar este século, a cabeça dos brasileiros, em geral, estava cheia de ideias desfavoráveis com relação aos não brancos. Nada mais natural: há 300 anos víamos o negro como escravo, o índio como servo, o mestiço como vagabundo (por não haver trabalho para ele, é claro). Tanto é verdade que, na hora de extinguir a escravidão, ninguém pensou em usar os nãos brancos como trabalhadores livres. Formulou-se, então, uma regra muito clara (sem trocadilho): *quanto mais branco o trabalhador, melhor.* Nossos fazendeiros só apreciavam colonos alemães, suíços, eslavos e, na pior das hipóteses, italianos.

Por que os de cor não serviam? Na concepção racista dos nossos latifundiários, "não eram capazes de acompanhar o novo trabalho, inteligente e responsável". Haviam escravizado os povos de cor e, agora, como bagaços, os atiravam na beira da estrada.

As mudanças sociais só contribuíam para reforçar aqueles *estereótipos.* Desde 1850, as regiões Sudeste e Sul vinham se desenvolvendo mais do que as outras. Como os imigrantes europeus, branquíssimos, se concentravam nelas, os racistas brasileiros podiam explicar: "Estão vendo? Onde tem menos preto o progresso é maior". Esqueciam que a arrancada inicial do café, que enriqueceu o triângulo Rio-Minas-São Paulo, foi dada por negros e tapuias. Esqueciam, também, que, se a maior parte das pessoas de cor continuavam a viver em regiões estagnadas (confinamento geográfico) e nos degraus mais baixos da sociedade (confinamento social), não era por culpa sua. Nessas regiões e nesses degraus não poderiam jamais, mesmo que fossem capazes, mostrar valor algum.

"Você não vence na vida?
É culpa sua, você tem complexo de cor".

Nos últimos 50 anos, porém, a sociedade brasileira mudou bastante. Mudou tanto, nos seus aspectos econômico, político e cultural que, se você tivesse morrido em 1920 e ressuscitasse em 1940, pensaria estar em outro país. Pressa, competição desenfreada, individualismo, falta generalizada de escrúpulos "estragaram" o Brasil de nossos avós.

O espetáculo não era novo: ocorrera muitos anos antes na Europa e Estados Unidos. (Londres, para exemplificar, tinha em 1850 a população que São Paulo só veio a ter em 1940: 1 milhão!) Não era novo, mas era assustador.

As novidades foram trazidas pelo capitalismo. Como em outras partes, aonde chegou antes, ele parecia oferecer oportunidades a todos – dependia de esforço e sorte. Os nãos brancos teriam, também, a sua chance. Tiveram?

Não. As estatísticas provam uma marginalização maior dos não brancos hoje do que antes. A política de "integração" do índio fracassou e a distância que os separa, atualmente, de nós só pode ser medida em *anos-luz*. (Em 1965, ao ser criada a FUNAI, Fundação Nacional do Índio, em substituição ao Serviço de Proteção ao Índio, confessou-se, sinceramente, aquele fracasso). Quanto aos negros, a expectativa otimista de que o desenvolvimento econômico levaria ao aparecimento de uma "burguesia negra", próspera e integrada, frustrou-se integralmente: os negros ricos são meia dúzia de gatos pingados, imprensados e solitários numa classe média que os olha de través.

Pode-se objetar que nos últimos 50 anos diversos negros ganharam destaque na sociedade brasileira (*diversos negros*, mas, curiosamente, nenhum índio). Não é novidade isto: no século passado alguns deles chegaram até ao círculo íntimo do Imperador. Nem é novidade, também, o processo de trazê-los para cima: o *gancho*, que os afasta, completamente, da sua gente e permite exibi-los como prova da "democracia racial". Desde Henrique Dias, no século XVII, até Pelé, a lista de homens de cor assim "pendurados" em vitrina é extensa, O que pensam, em geral, os brancos brasileiros desses negros e mulatos "ilustres"? Que são "diferentes do resto". (É comum, em nosso país, se falar de um negro bem sucedido, nos seguintes termos: "Ele é preto, mas é legal": como se a cor, em si, constituísse um defeito). Para designá-los inventamos até uma expressão: "negros de alma branca".

Por volta de 1930 foi que começaram a aparecer, primeiro nos jornais e nas organizações de luta negras, expressões como "preconceito racial", "discriminação racial", "segregação racial". Eram desconhecidas antes, porque a sociedade brasileira não precisava delas: os negros não disputavam lugares com os brancos. Eram necessárias agora que o capitalismo em desenvolvimento acirrava as competições.

Pelo menos uma dessas novas expressões parece invenção brasileira: "complexo de cor". Seria uma espécie de complexo de inferioridade dos não brancos diante da vida: ela dava oportunidade a todos que tivessem força de vontade, mas os não brancos tinham um inexplicável medo de tentar; largassem o medo e tentassem, estudando, trabalhando firme, cumprindo as regras sociais... Acabariam premiados. A invenção deste "complexo de cor" teve um objetivo: jogar em cima dos não brancos a culpa das suas dificuldades. *Você não vence porque tem complexo de cor. A sociedade brasileira não é absolutamente racista.*

Brancos sempre esperam que os outros cumpram o seu dever

Um amigo negro, casado com mulher branca, me contou que na porta do seu prédio havia um guardador de estacionamento com quem estabeleceu uma curiosa relação.

Sempre que retirava o carro, o guardador lhe perguntava se a madame tinha deixado "algum". "Deixou só isso", ele respondia. Nunca passaria pela cabeça do guardador que a madame sovina era esposa do outro. O casal combinou manter a farsa e, assim, pagar sempre menos pelo estacionamento.

O brasileiro se acostumou a ver o negro desempenhando determinados papéis: mendigo, empregado, operário, artista, jogador de futebol. Meu amigo não era conhecido como artista ou jogador, só podia ser chofer. Malandramente, ele se aproveitou da ignorância do guardador, mas o fato de estarem condenados a certos papéis subalternos – como uma praga –, é fonte de angústia para milhões de brasileiros que não nasceram brancos. "Judeu é sempre comerciante" – e os que não são ou não querem ser? "Japonês é sempre esforçado" – e os que preferem malandrear?

Nos últimos cinquenta anos a sociedade brasileira estabeleceu para os negros dois novos papéis: sambista e jogador de futebol. Samba e futebol vieram na crista de Revolução de Trinta, a revolução que transformou o Brasil num país capitalista dependente. Claro, já existiam antes, mas, só então, seduzindo o povão e se profissionalizando, é que viraram "expressões da alma nacional". Os primeiros ídolos de massa, neste país, foram sambistas e jogadores de bola; e o primeiro bamba e o primeiro craque foram os negros reluzentes Pixinguinha e Leônidas da Silva. (Pode-se objetar que houve antes Sinhô e Cândido das Neves, Friedenreich e Fausto. Não importa: eram todos de cor). Crescendo rapidamente na década de 1930, o capitalismo brasileiro estabelecera o lugar dos negros – o palco e o gramado.

Mesmo nesses dois lugares, porém, seus papéis eram rigidamente marcados: sambista não passava a empresário de samba, jogador de futebol não passava nunca a técnico, nem a juiz, nem a goleiro – não tinham, segundo a crença geral, serenidade e confiabilidade para essas funções. No Rio e em São Paulo, milhares de negros começaram, entretanto, a bater em outras portas, faculdades, negócios, forças armadas... – era natural, dado o seu grande número. Disputando cargos e funções com homens e mulheres brancos acabavam punidos como "negros que não se enxergam", "negros atrevidos que não reconhecem seu lugar" etc. (é fácil comprovar a veracidade disto. Todo brasileiro já ouviu ou disse, alguma vez, frase semelhante).

As formas de punição social aos negros "que não reconhecem o seu lugar" são pródigas. A mais comum é fecharem-lhes as portas. Os brancos, e até mesmo outros negros, não dão empregos a negros rebeldes, evitando conviver com eles. Há no futebol brasileiro um perfeito exemplo, que de pitoresco passou a trágico: Paulo César Lima, apelidado "Caju". Todos reconhecem que é um craque, só lhe fazendo uma restrição: "É metido demais", "Quer levar vida social", "É lhe dar os pés pra ele querer as mãos" etc. Restrição do mais cristalino racismo.

Outra forma de punir, muito nossa, é domesticar a pessoa de cor. Todo mundo conhece o "negro pai João", o "negro que se preza", o "negro que não mija fora do penico", e equivalentes. E sempre perigoso confiar demasiado nele, "pois preto quando não faz na entrada, faz na saída", mas o brasileiro branco costuma ter por perto – na condição de empregado, de "pau pra toda obra" e, até, de "amigo do peito" – um crioulo assim.

A domesticação é uma forma sutil de racismo. Muitos brancos não se acham sequer dispostos a admiti-lo, mas bastaria prestar um pouco de atenção à psicologia dos não brancos para constatar a deformação causada por ela. Ocorrem-me, a esta altura, de- zenas de casos. Por exemplo, o de um amigo bem sucedido que começou a ter problemas de relacionamento com o filho e procurou uma psicóloga; ele a procurou, entre outras razões, por sentir que estava transferindo para o garoto seus conflitos raciais. A psicóloga não concedeu qualquer atenção a essa problemática: "O problema só existe em você. Não é um problema real, que afete a relação entre pessoas na nossa sociedade".

Outro: como alguns negros de sorte, R. colecionou diplomas de curso superior. Começou a frequentar, montado neles, ambientes relativamente fechados da zona sul. Queixa-se que os amigos, sempre que vão apresentá-lo, enumeram a lista dos seus títulos, como se precisassem se justificar diante dos outros por andarem com ele; ou se quisessem tranquilizar as pessoas: "É negro, mas está domesticado por este montão de diplomas aí".

Negros não creem em "democracia racial" Dão troco a brancos

No final do ano passado quem passasse pela movimentada calçada do Mappin, em São Paulo, veria na escadaria do Municipal, em frente, um grupo de negros recitando em coro:

"(...) Continuamos marginalizados na sociedade brasileira, que nos discrimina, esmaga e empurra ao desemprego, subemprego e à marginalidade, negando-nos o direito à educação, à saúde e à moradia decente!". O documento se intitula "20 de Novembro, Dia Nacional da Consciência Negra", e foi distribuído nas ruas, depois de lido em coro.

Havia surpresa, e uma ponta de incredulidade, nos olhos dos que passavam. Perfeitamente natural: nunca tivemos isso por aqui. (Não era rigorosamente inédito este tipo de manifestação. Esporadicamente elas acontecem desde 1950. Nossa atenção para o problema racial é que vale pouco).

Uma pessoa curiosa que saísse por São Paulo à noite ficaria ainda mais surpresa. Toparia com dezenas de grupos negros de teatro; pelo menos meia dúzia de cenáculos de poetas negros; escolas profissionalizantes para negros; pontos de encontro só de negros; bailes "da cor" e, até, simples bares-enfumaçados em que negros de hábitos regulares entram para um trago antes de dormir. Exceto numa escola de samba, nunca teria visto tantas pessoas de cor juntas. Ser-lhe-ia fácil entrar em qualquer desses lugares – só lhe custaria o leve constrangimento de se achar entre pessoas de cor diferente.

Com a maioria desses negros, este curioso noctívago só conversaria coisas amenas – samba, futebol, mulheres, *soul*. Alguns, porém, insistiriam em lhe falar da "consciência. Negra", dos "direitos humanos dos negros", do "quilombismo"... Contariam que os militantes negros se distribuem por centenas de organizações nacionais, frouxamente coordenados pelo Movimento Negro Unificado Contra a Discriminação Racial, cujo antecedente mais remoto foi a Frente Negra, extinta pela ditadura do Estado Novo, em 1937.

Da conversa com militantes do movimento negro, das entrevistas, documentos e livros que vêm produzindo, emerge alguma coisa profunda e nervosa, como há muito não víamos. Claro, os inimigos da democracia (que, ao menos teoricamente, seria a manifestação organizada de todas as insatisfações sociais) tentaram estrangulá-la no berço, contando, para isso, com o preconceito generalizado de que "aqui não temos problemas raciais". O movimento negro sobreviveu-lhes, entretanto. (De dois anos para cá, vem se estruturando, também, um movimento indígena; a começar pelo reduzido número de sobreviventes, seus obstáculos são infinitamente maiores que os dos outros. O fato, porém, de não aparecer sozinho, mas como movimento de não brancos, ligado a problemas sociais gravíssimos – como o da posse da terra –, lhe abre boas perspectivas de crescimento).

As dificuldades do movimento negro não são apenas as que seus adversários lhe trazem. Ele tem uma dificuldade *congénita*: nasceu, e permanece ainda, um movimento de elite. Dificuldade original, reconheça-se, de todos os nossos movimentos políticos, ideológicos e culturais. No Brasil só são populares, de fato, a religião, o futebol, o carnaval e a Rede Globo de Televisão – o que sufoca, como uma máscara de ferro, tudo o que se tentou fazer, até aqui, para tornar o país uma democracia real.

A falta de base popular no movimento negro é, pelo menos, estranha, já que as pessoas de cor são, indiscutivelmente, a maioria de nosso povo. (O leitor terá notado que até aqui grifamos as palavras maioria e minoria quando se referiam a raça. Os brancos são maioria, no Brasil, se comparados a outros grupos raciais isolados; se comparados aos não brancos, são minoria, pois as minorias de pretos, mulatos, índios, caboclos etc., somadas, dão uma maioria.) Talvez sua pretensão de abarcar apenas os negros esteja limitando seu crescimento. Aqui, as vítimas do racismo são todos os não brancos. Um movimento de não brancos teria potencialmente, portanto, mais chances de crescer que um movimento negro.

Há outra dificuldade interna. Esse auspicioso movimento contra o racismo parece não ter compreendido ainda a relação entre classe e raça. O problema não é intelectual, entretanto, a ser resolvido em páginas de livros ou textos de conferências. É de prática política e pode, a meu ver, se equacionar assim: que classes da sociedade brasileira *independente da sua "raça"* se integrarão à luta contra o racismo?

Por enquanto, sua força reside em manifestações ruidosas e pequenas de denúncia, como aquela do Municipal; e em protestos solitários e insólitos, como o do meu amigo no Maracanã numa bela tarde de sol.

PRINCIPAIS MODALIDADES DO RACISMO BRASILEIRO

Onde os pretos são maioria

Não sei se o leitor já viu um camburão de polícia despejar sua carga num pátio de delegacia. Dezenas de pobres coitados descalços, perebentos, encachaçados, que haviam entrado ali aos pontapés, tangidos agora para fora como bichos. Por que a polícia os "recolheu"? Porque não tinham *carteira de trabalho assinada* ou praticaram pequenos furtos ou foram acusados por alguém decentemente vestido ou "estavam em atitude suspeita" (uma diabólica invenção da política brasileira, a única do mundo que "prende por resistência à prisão"). Ou, simplesmente, porque os investigadores precisavam completar sua cota diária de prisões.

"Os únicos lugares em que preto é maioria, dizia um amigo meu, é na favela e na cana". Certa vez, olhando um despejo daqueles – de "local privilegiado", diga-se de passagem – me lembrei disso. Um tira se aproximou e, aos berros, ordenou que tirassem a roupa – como sonâmbulos começaram a obedecer. Se alguém se aproximasse para dizer-lhes que a polícia não tinha direito de fazer aquilo, seria havido por louco. (Há uma particularidade curiosa na formação do nosso povo: os pobres de hoje são "despossuídos históricos", descendem de pessoas que nunca tiveram nada, nem sequer a posse do seu próprio corpo).

Foram atochados, em seguida, num cubículo, o chão propositadamente alagado (de tempos em tempos o carcereiro atirava um balde de água). Uma ideia, mais completa que a primeira lembrança, me riscou então o cérebro: onde as pessoas são tratadas como bichos não há democracia nenhuma, muito menos a racial.

Para mim esta é a primeira modalidade do racismo brasileiro:

Nos acostumamos a ver, e a tratar, o povo como bichos.

Se poderia objetar que isto não é racismo, mas discriminação social. Seria tocar numa velha e enfadonha discussão: raça e classe social são a mesma coisa? No Brasil, maltratar os pobres é maltratar pessoas de cor – e ponto final.

Discriminado porque tinha bunda empinada

Me lembro muitas vezes de um hino evangélico que cantei muito na infância, agitando, em coro, as mãos sobre a cabeça:

"Os índios lá no Norte
estão pensando em nós aqui.
Eles desejam salvação
e pedem, sim, ó vem, ó vem,
vem nos falar de Jesus...
Vem pra guiar-nos à luz."

Os pobres índios só conhecerão a luz se nos imitarem. Esta é a segunda modalidade do racismo brasileiro:

Achamos, sinceramente, que os brancos são melhores que os não brancos.

Em matéria de religião, por exemplo, temos as *de gente de cor* (candomblé, quimbanda, pajelança, catimbó, terecô etc.); e as *de branco* (espiritismo, mesa branca, catolicismo, protestantismo, mórmon, evangélica etc.). Para os crentes naturalmente, esta minha classificação não tem sentido – quase todas as religiões se pretendem universais; não falo, contudo, no plano da fé, mas no plano objetivo. Quem quiser comprovar o desprezo pelas religiões de gente de cor não precisa ir longe: o jornal *O Estado de São Paulo* vez por outra reclama ação policial contra terreiros de macumba por praticarem "magia negra". (Seria divertido ver os macumbeiros pedirem à justiça a interdição das igrejas cristãs por prática de "magia branca"...).

Como supomos os brancos melhores, exigimos que os não brancos os imitem. (Ainda me lembro da missionária que nos ensinou aquele hino. Quando cantávamos aquele "ó vem, ó vem, vem nos falar de Jesus", ela queria que, imitando índios, fizéssemos carinhas tristes). Existe um *padrão branco de qualidade*, quem sai dele não sobe na vida. Um ex-prefeito de cidade importante me confessou, certa vez, a grande frustração da sua vida: reprovado na admissão ao Colégio Militar porque tinha bunda empinada. (O candidato a oficial, segundo me garantiu, não pode, pelo regulamento, ter a "região glútea desenvolvida"). "Ora – reclamava ele –, como descendente de africanos eu só podia ter traseiro alto. Fui vítima de discriminação racial".

Em qualquer cidade brasileira os jornais estão cheios de anúncios de emprego. Alguns, abrindo o jogo, pedem "pessoas claras"; outros terminam com o "exige-se boa aparência". Nenhum rapaz ou moça de cor vai perder o seu tempo se apresentando. Faço, a esta altura, um convite às pessoas que ainda creem na nossa "democracia racial". Atentem para determinadas profissões – garçom, diplomata, propagandista de laboratório farmacêutico, caixa de banco, aeromoça, balconista de boutique... Com as honrosas exceções de sempre não encontrará negros.

Também já fui crioulo, doutor

Me lembro de um episódio contado por Robson, ex-meia esquerda do Fluminense Futebol Clube. Ia no landau de um cartola para a concentração, quando um casal de namorados atravessou a pista correndo. O cartola freou e, esticando a cabeça pela janela, xingou: "Querem morrer, ô crioulos safados!". Robson engoliu em seco, mas, passado um instante, lembrou: "Doutor, eu sei o que é isso. Também já fui crioulo".

Como o mundo que está aí – seu conforto, seus padrões, seus valores, seus ideais – é branco, os que podem *embranquecem* (em termos sociais, naturalmente). Alguém já observou que a cor, em nosso país, é mais uma marca que uma raça. De cor são todos os que valem pouco ou não valem nada – "isto é serviço de preto", diz o povo quando alguma coisa resulta malfeita. Há, é claro, um bom número de branquinhos que não valem nada, favelados de olhos azuis, *paus-de-arara* de cabelos escorridos – exceções que confirmam a regra. (Paus-de-arara: nordestinos que vão procurar trabalho fora da sua terra. Não confundir com instrumento de tortura, definido antes).

Embranquecer se tornou, por consequência, uma obsessão para as pessoas humildes de cor. "Não sou racista. Mas gostaria que minha filha casasse com alguém *menos escuro*, para ir limpando o sangue", cansei de ouvir isso de zelosas mães suburbanas. Para que embranquecer os filhos e netos? Para terem menos obstáculos na vida. Não se vá pensar, contudo, que este processo é sempre consciente. Os negros que ficam ricos de alguma forma, procuram sempre mulheres brancas, tidas como mais belas e finas que as escuras. O fato intriga e, às vezes, irrita as pessoas brancas — e é de ver a hostilidade com que esses casais bicolores são recebidos numa sociedade que se diz não racista... É natural que esses negros que "venceram" queiram as melhores coisas que seu prestígio e seu dinheiro possam comprar. O racismo não está nisso. Está em achar que "as brancas são as melhores mulheres". (Como estaria em achar, no outro polo, que os homens negros são os mais "quentes").

Machado de Assis X Lima Barreto

Os dois maiores escritores negros da nossa literatura sofreram dessa obsessão de embranquecer que mencionei acima; um curou-se, o outro não.

"Se me discriminam, pior para eles", dizia Louis Armstrong toda vez que lhe perguntavam se era vítima de racismo

Machado de Assis — (1839-1908)

em seu país. Este parece ter sido na vida o lema de Joaquim Maria Machado de Assis (1839-1908). Sua resposta aos preconceitos foi um desdenhoso dar de ombros; e uma arte refinada e aristocrática, muito mais aparentada a êmulos europeus que brasileiros, o cérebro comandando e organizando as paixões. Literatura sem suor e sem budum.

Seu hercúleo esforço para embranquecer foi compreendido e ajudado. (Machado de Assis não apenas modelou sua arte pela europeia. Casou-se com branca, nunca mencionava os parentes negros, não tinha amigos de cor). Na juventude, modesto tipógrafo metido a escritor, os retratistas o pintavam negro como era; na velhice, famoso e festejado, presidente da Academia Brasileira de Letras, representavam-no quase branco, a tez clara, o pixaim amaciado.

Um meio-contemporâneo seu, Afonso Henriques de Lima Barreto (1881-1922), também filho de negros, trilhou caminho diverso. Na infância e juventude enfrentou, tanto quanto o outro, os obstáculos que a sociedade brasileira antepõe aos que não nasceram brancos – também o mandaram entrar pela porta dos fundos, também exigiram mais dele do que dos outros, também lhe explicaram os fracassos pela cor da pele (uma discriminação que, parece, lhe calou fundo foi não poder formar-se em engenharia). É comum o jovem de cor que contorna esses obstáculos pelo drible: se não posso derrubar, dou a volta; sua personalidade se equilibra neste ziquezague, que quebra a dignidade, mas permite viver e subir. Os brancos não o aceitam, mas o negro força a aceitação – comportando-se como os brancos desejam que ele se comporte. (Este *comportamento adaptativo* do negro, comum em toda a América, que acaba lhe conferindo dupla personalidade, tem sido bastante estudado por psicólogos e sociólogos).

Não foi o caso de Lima Barreto. Ele decidiu brigar, como escritor e como pessoa. Enquanto Machado de Assis driblava os obstáculos, na vida e na arte, Lima Barreto sacrificava-se (e, por isso, certamente, odiava que o comparassem com o outro). Seus romances cheiram a povo, denunciam todas as formas evidentes e sutis de discriminação contra as pessoas de cor que se acotovelam no subúrbio, "refúgio dos infelizes". Ele próprio decide mudar-se para aquela parte abandonada da cidade, assumindo a identidade de negro e pobre. Ora, esta unidade entre a sua arte e a sua vida é que lhe confere a força de grande escritor. Machado de Assis fugiu, Lima Barreto assumiu. Duas opções sociais (e, no fundo, raciais) diferentes, duas estéticas distintas.

Sua novela mais tensa é *Clara dos Anjos*. Conta um caso de sedução: Clarinha, menina negra, filha de carteiro, cai na lábia de um sedutor profissional, Cassi Jones, rapaz loiro de ascendência inglesa; no final, ele a engravida e foge. Clarinha e a mãe se dirigem à casa da família de Cassi. A mãe dele, ao vê-las, modestas e negras, nem abre a porta. Termina a mãe de Clarinha: "Minha filha, nós não valemos nada". A crítica literária só tem falado mal deste romance, talvez porque olhe Barreto com o padrão tirado de Machado de Assis. Talvez porque seja um libelo antir-racista; e, para muitos de nós, pareça mais fácil ser um Cassi Jones que uma Clara dos Anjos.

Em *Triste Fim de Policarpo Quaresma*, a sobrinha do major pergunta a um roceiro negro, Felizardo, por que não planta nada, se a terra é boa e farta. Ele explica que não tem sementes, não tem arado... E conclui: "... Isso é bom para italiano ou 'alamão', que governo dá tudo... Governo não gosta de nós...".

Não sei qual dos dois, *Clara dos Anjos* ou *Triste Fim de Policarpo Quaresma*, é o maior libelo contra a discriminação dos não brancos no Brasil. Ou se a própria vida de Afonso Henriques de Lima Barreto.

Mão Branca X mãos negras

S. D. C., pedreiro, mulato, 39 anos, embriagou-se certa noite e, à força, deu um banho de soda cáustica na mulher, A. M. S. Isto aconteceu em Belo Horizonte, dia 14 de setembro de 1971. Alguns jornais exploraram o lado cômico do caso, mas nenhum analisou – nem os jornais têm essa obrigação – a terrível ambivalência do modesto pedreiro: Queria sua mulher, mas não queria sua cor.

Conheci, na minha infância de subúrbio, inúmeros pretos que se esfregavam à noite com água sanitária (a "cândida" dos paulistas) e, ainda hoje, muitos deles "esticam" o cabelo para disfarçar sua "ruindade". Que conclusão tirar? Milhões de negros, judeus, japoneses, índios – de todos os grupos racialmente oprimidos na sociedade brasileira – foram levados a se odiar e a praticar violência contra si próprios.

O racismo tem essa peculiaridade: *acaba se introjetando nas suas vítimas, tornando-as, também, racistas.*

Agora, um exemplo menos trágico. Quando a TV exibiu o seriado *Raízes*, a vida de um conhecido meu, pobre rapaz favelado, virou um inferno. Ele se parecia demais com Kunta Kinté, o africano em torno do qual se desenrola a ação. Cada vez que lhe gritavam "Kunta!", meu conhecido partia para a briga. Sabia perfeitamente que se tratava de um antepassado negro que resistiu bravamente à escravização – mas tinha vergonha do seu cabelo duro, espetado, do seu nariz chato e do seu beiço grande. Suponho que a maioria dos negros brasileiros seja como este meu amigo: não acham *black beautiful*. (*Black is beautiful*, negro é bonito, a uma certa altura, foi consigna do movimento negro norte-americano).

Deixei o melhor exemplo de introjeção do racismo nas suas vítimas para o fim.

Há cerca de um ano a Baixada Fluminense, no Rio, conhece um frio matador, que se dá ao luxo de avisar aos jornais, antecipadamente, quem vai matar e onde. A lhe dar crédito teria executado, num só mês, 114 pessoas. Chama-se Mão Branca, e tão célebre ficou, que muitas mães ameaçam chamá-lo quando o filho recusa a sopa.

Mão Branca, porém, é apenas o símbolo de uma organização terrorista, racista, de extrema-direita, executora da pena de morte por delegação do governo.

Por que a Mão Branca é terrorista de extrema-direita? Porque se propõe a acabar com o crime, assassinando rapazes pobres da região mais pobre do Estado. Descontar as dificuldades coletivas em cima dos mais fracos – o pobre, o homossexual, a prostituta, o deficiente mental ou físico, o menor abandonado, o negro, o índio, o judeu – é uma invenção da *ideologia fascista*. Organizações desta natureza não querem saber dos crimes dos ricos; e apresentam os crimes dos pobres como a causa da violência social. (Ideologia fascista: ideologia de extrema-direita, elaborada originalmente na Itália de entre-guerras. Sobrevive inclusive em nosso país).

Por que Mão Branca é racista? Basta correr a lista dos "presuntos" que ela envia diariamente aos jornais, para constatar que a esmagadora maioria é de jovens e negros. ("Presunto", na gíria policial, é defunto). Pode-se objetar que é coincidência: Mão Branca não olha a cor de suas vítimas. Esta objeção é um *sofisma*: a maioria tinha de ser mesmo de cor, pois ele só mata pobre.

O racismo da Mão Branca fica, porém, visível é na escolha do símbolo: *mãos brancas* representam a Limpeza e o Bem. As mãos negras, que ela algema antes de seviciar e matar, são, ao contrário, símbolo da Sujeira e do Mal. Negro, em nossas cabeças – tenhamos a coragem de confessar – está associado a baixeza, feiura e crime. Nas campanhas de segurança que a polícia costuma empreender para a classe média há sempre, por isso, uma recomendação: "Não abra a sua porta para pessoas desconhecidas e de cor". (O que levou um jornalista de *O Pasquim* a perguntar: "E se aparecer o loiro e bem vestido Michel Franck – traficante acusado da morte de Cláudia Lessin Rodrigues – a gente deve abrir?").

É natural que as classes privilegiadas apreciem o trabalho da Mão Branca. Afinal ela "castiga" assaltantes e contraventores – e, o que é mais importante, nunca aparece nos bairros grã-finos. Nos bairros e municípios pobres, onde a maioria é de cor – Belford Roxo, Caxias, Nilópolis etc. – é que a organização sinistra tem, contudo, mais defensores, a acreditar nas pesquisas de jornal. Por que? Primeiro, porque a televisão e os jornais ditos populares, partidários da pena de morte, prepararam convenientemente a opinião pública. Segundo, porque os preconceitos social e racial foram introjetados pelas suas vítimas. Elas aplaudem a organização ultradireitista, espécie de Ku-Klux-Klan fluminense, especializada no extermínio de pobres e negros. (Ku-Klux-Klan: organização terrorista, contra os negros, criada nos Estados Unidos em 1866).

"Quem cospe nos outros é judeu.
E japonês não dá no couro"

Uma terceira modalidade do racismo brasileiro está na: *Ideia negativa que fazemos das pessoas de cor.*

Conta-se que, certa vez, o famoso bandido lampião pediu hospedagem numa grande fazenda. Tremendo de medo, o proprietário indicou-lhe a capela: "É o único lugar à vossa altura, capitão. Não tenho outro". O bando avisou que ia partir antes do sol, ficando o fazendeiro certo de que "rasparia" as imagens e relíquias valiosas que lá se achavam. Qual não foi sua surpresa, já manhã alta, ao verificar que o cangaceiro respeitara os santos: embaixo de cada um havia uma nota de mil-réis. Menos de São Benedito. Muitos anos depois, quando Lampião retornou, o homem, intrigado e cauteloso, lhe indagou o porquê. O cangaceiro, caçado pela polícia de sete Estados, ele próprio um homem de cor, respondeu: "E lá existe santo negro?!".

Qualquer paulista é capaz de contar dezenas de piadas sobre "japonês". Em todas, o oriental entrará como inferior: não é capaz de dirigir bem, não é capaz de satisfazer uma mulher, não é capaz de raciocinar direito; e as poucas qualidades que lhe atribuem, nenhum brasileiro quer para si: são fanáticos, esforçados, não têm amor à vida.

Sobre os judeus não pensamos, igualmente, nada bom – exceto que "são muito inteligentes, mas só para melhor roubar os outros". Na minha infância suburbana cansei de ouvir: "Por que está cuspindo nos outros, menino?! Você não é judeu!".

Há poucos meses atrás, em São Paulo, um trote de calouros acabou em tragédia. Veteranos massacraram a socos um novo colega que se recusava a "brincar". Uma testemunha comentou pelo rádio: "Parecia um bando de índios!". Tudo que nós brasileiros pensamos do índio está aí nesta curta frase: são selvagens e bárbaros. Quatrocentos anos desempenhando papel de vilões – escravizando, expulsando, exterminando índios – e continuamos convencidos, candidamente, de que os vilões são eles. "Procedem como cães – dizia um cronista português do século

XVI – e fazem filhos nas próprias mães". "Parecia mais um bando de índios", lembrava a testemunha, horrorizada, em 1980. Nunca se caluniou tanto tanta gente durante tanto tempo.

Para muitas pessoas isto não passa de inofensivo "preconceito racial". Não há dúvida de que é preconceito. Lá está no *Aurélio*: "*Preconceito*: conceito antecipado; opinião formada sem reflexão, superstição; prejuízo". A todo preconceito, contudo, corresponde uma atitude discriminatória. Se eu acho que "japonês não *dá no couro* porque tem a coisa pequena", mais cedo ou mais tarde, consciente ou subconscientemente, este juízo vai influenciar minhas relações com orientais. Dizer que em nosso país não há racismo, ou discriminação racial, mas apenas "preconceito racial", é enfiar a cabeça na terra como os avestruzes.

Quatrocentos e oitenta anos de estupro

A quarta modalidade do racismo brasileiro é a:
Ideia de que não somos racistas.

Certa vez um major sentou-se para me explicar o que achava do Brasil: "Uma zorra. E por quê? Você, Joel, é negro puro, eu, branco puro. (Um jornalista escreveu que sou de origem alemã; engano: sou austríaco, o que é muito diferente). Pois bem: nós dois temos sangue forte. A maioria do povo brasileiro, porém, não é como nós dois, é mestiça. Ora, mestiço, como você sabe, tem sangue fraco. (Na guerra, por exemplo, cansei de ver francesas furadas a baioneta por não quererem deitar com alemão; já as italianas, que não são puras, deitavam por um maço de cigarro). O exército sempre que tomava o poder o devolvia aos civis. Agora, não vai devolver mais: já compreendemos que com este sangue fraco todo aí, não dá".

Este major era um racista confesso, com a só particularidade de querer envolver o exército e a mim na sua concepção. Se milhões de pessoas que acham a mesma coisa, em nosso país, tivessem a sua franqueza, as vítimas se defenderiam melhor. O movimento negro norte-americano parece ter compreendido isto e já não pretende mais mudar a cabeça dos brancos: está bem, continuem racistas, se querem; nós queremos, apenas, nossos direitos!("I want my freedom now", quero minha liberdade agora, foi uma das suas consignas.) No Brasil, como *oficialmente não há racismo, as minorias raciais* não têm direito algum a reivindicar nada.

Quando os turistas nos perguntam: "cadê os políticos negros?", respondemos que não são necessários, "aqui os brancos representam os negros". "Cadê os universitários índios?", "Eles estão na Idade da Pedra, como podiam passar no vestibular?". Temos para qualquer pergunta uma resposta *estereotipada*; mentiras em penes para nossa tranquilidade noturna.

À noite, levamos os turistas aos *shows* de mulatas: "São as mais belas mulheres do país. Veem como não temos preconceitos?". Há, certamente, turistas bastante tolos para acreditar no "culto brasileiro à mulher mulata". Outros, porém, logo percebem que só as encaramos como objeto de cama e mesa. Entre as vítimas dessa original exploração racial, o *show* de mulatas, há de tudo também: desde as que parecem felizes em estimular brancos endinheirados até, no outro extremo, as que se sentem estupradas cada noite. (A palavra *estupro* parecerá forte aos que acreditam na "democracia racial" brasileira. Aos inocentes, a inocência).

Os índios saiam da frente para o Brasil passar

A quinta modalidade do racismo brasileiro consiste em: *Olharmos os não brancos como não brasileiros.*

Recentemente um governador do território de Roraima sugeriu que se transferissem índios de uma região para outra: "A presença deles está atrapalhando o desenvolvimento do território". Embutido nesta opinião, aparentemente bem intencionada, está o que achamos dos índios – o Brasil de um lado, eles do outro. E como se não fizessem parte do povo brasileiro.

De 1945 para cá, por outro lado, choveram congressos sobre o negro, sobre a cultura africana, religiões afro-brasileiras etc. Enquanto isso, muitos negros passaram, orgulhosamente, a se intitular *afros* e, mais recentemente, *blacks*. A curiosidade pelo negro e sua cultura é justificável, mas revela também uma coisa: o brasileiro ainda vê o negro como *outro*, um corpo estranho que merece atenção e estudo.

Os manuais didáticos é que dão, no entretanto, a melhor prova de que não consideramos o negro e o índio como brasileiros: num "ponto" famoso, relacionam as contribuições das "três raças" à formação do povo brasileiro, atribuindo aos não brancos elementos pitorescos e/ou curiosos. (O negro teria contribuído, por exemplo, com o vatapá; o índio com o gosto pelas cores fortes).

Na verdade, a sociedade brasileira ainda não tem condições históricas de se enxergar como realmente é: de cor, levemente coberta de branco, como os bolos de chocolate que se adornam de glacê. Por que não conseguimos ver no espelho nossa própria face? Em algumas coisas já não somos um país colonial, mas em muitas outras, todas importantes – na economia, na música popular, na concepção de nós mesmos – continuamos determinados de fora para dentro. Tanto quanto no tempo do marquês de Pombal. O negro e o índio foram, durante 400 anos, os únicos criadores de riqueza – não deram só o candomblé, o cauim etc. – foram eles que criaram tudo, sob o chicote do amo branco, as plantações, os prédios, as estradas, os móveis... Até recentemente nossos embaixadores no exterior eram instruídos para explicar que o Brasil é uma nação branca, que possui, também, em número reduzido e cada vez menor, negros e índios. E um absurdo lógico: se tiramos negros e índios, o que sobraria do Brasil?

SOBRE O AUTOR

Nasceu no Rio de Janeiro a 19 de julho de 1941. É escritor há 18 anos, tendo começado como coautor da famosa *História Nova do Brasil,* proscrita pelo Movimento Revolucionário de 64. Publicou, depois, os seguintes títulos:

- *Quem fez a Republica?*
- *O Renascimento, a Reforma e a Guerra dos Trinta Anos*
- *O dia em que o povo ganhou*
- *Mataram o Presidente. (coautoria)*

Na área infanto-juvenil publicou, entre outros:

- *O Caçador de Lobisomem*
- *O Espantalho e o Curupira*
- *Marinho, o marinheiro, e outras histórias*
- *Aventuras no país do pinta-aparece*
- *Uma estranha aventura em Talalai* – (prêmio Jabuti, da Câmara Brasileira do Livro)

Tem publicado artigos de História e contos em diversas revistas e antologias.

É professor de História em cursos e faculdades do Rio e São Paulo.